SOBRE A BREVIDADE DA VIDA

Título original: *On the Shortness of Life*

1ª edição: Julho 2025

Autor:
Sêneca

Tradução:
Jorge Henrique Bastos

Preparação de texto:
Elisabete Franczak Branco

Revisão:
Patrícia Alves Santana
Iracy Borges

Diagramação:
Jéssica Wendy

Capa:
Dimitry Uziel

DADOS INTERNACIONAIS DE CATALOGAÇÃO NA PUBLICAÇÃO (CIP)

Sêneca
Sobre a brevidade da vida / Epicteto ; tradução de Jorge Henrique Bastos. — Porto Alegre : Citadel, 2023.
96 p.

ISBN 978-65-5047-222-1
Título original: On the shortness of life

1. Filosofia antiga 2. Estoicos I. Título II. Bastos, Jorge Henrique

23-6148 CDD 188

Angélica Ilacqua - Bibliotecária - CRB-8/7057

Produção editorial e distribuição:

CITADEL
Grupo Editorial

contato@citadel.com.br
www.citadeleditora.com.br

SÊNECA

SOBRE A BREVIDADE DA VIDA

Tradução:
Jorge Henrique Bastos

TEMPORALIS
2023

PREFÁCIO

Ao nascer, viraram a ampulheta. Haverá quem a tenha virado ainda antes. Afinal, a vida não começou nas mãos da parteira.

É um bonito adereço de vidro. Com hastes de madeira, base e topo de cobre. O vidro, esse é meio opaco. Mais ainda do balãozinho de cima. De modo a não se divisar com clareza a quantidade de areia que ainda resta.

Outra curiosidade. O estreitamento que os separa muda de diâmetro conforme o material que vai passando. Há fases de areia espessa. Outras, de pedregulho. E outras ainda, mais raras, de coisa fina. Lembrando os primeiros passos em Ipanema Beach, quando vamos correndo, com os pés a queimar o solado, da avenida para o mar.

Tempo de vida há. Vixe, se há! Se é "de sobra", fica a seu critério. Cada qual com suas dores. Mas são horas e mais horas com fim previsto só pra lá da octogésima curva de primavera. É só somar. Eu, que estou perto de completar a sexta década, já vivi foi muito. Nossa, quando penso... Tanta coisa!

Não faltou impureza para alargar o gargalinho. Acho que algum anjo condoído se aproveita das caladas da vida e se esgueira na miúda para reestreitar o bocal. De tanta argamassa grossa a trocar de balão, era para vir tudo abaixo de vez, num arrombamento só.

Ao contemplar uma ampulheta, alguns se fixam no que ainda resta. Outros, no que já passou. Os dois lados estão sempre a mudar. Rareamento e acúmulo. Mas o bonito mesmo é observar o movimento dos materiais. O rodamoinho em cima e o deslizar que se amontoa embaixo. O funil invaginado do por viver se acopla em doçura no cone ereto do já vivido. Esse último se agiganta, o primeiro míngua.

Mas ainda falta.

Resta, portanto, viver. Para além de contemplar ampulhetas. Viver morrendo. Morrer em vida. Ir deixando de ser devagar. Para ir vindo a ser em harmonia. A cada instante se vai alguma vida da nossa. E essa, "never more". É o corvo de Allan Poe que anuncia insistente. "Never more."

Há quem esbarre num deleite. Num bem-bom de dar inveja. Num instante privilegiado do existir. Normal que, nesse caso, queira ali se agarrar. Viver num eterno retorno. Estrangular o gargalo. Não deixar passar. Existir repetindo. Infinitas vezes. Decretando, como deus, a revogação da gravidade.

Doravante, decreta que tudo flutua. Alguns grãos, mais salientes, bisbilhotam do outro lado.

Mas outros, saudosos, regressam dissimulados. Agora o fluxo não tem mais orientação. Perdeu seu sentido. É a eternidade. Presente que, teimoso, recusa-se a virar passado.

Mas isso é só o que pretendia o nosso afortunado. No final, triunfará mesmo a finitude. Garantida pela gravidade. E os grãos, mais ou menos espessos, terminarão por dar um jeito, vencendo a resistência do anjo.

Eis a brevidade da vida. Assunto de Sêneca. Que aqui tenho a honra imerecida de prefaciar.

❖

Neste livro, somos convidados a uma jornada filosófica que nos confronta com a fugacidade do tempo e nos desafia a refletir sobre a maneira como vivemos nossas vidas.

Sêneca, em sua sabedoria estoica, mergulha nas questões mais profundas da existência humana. Lembra-nos de que o tempo é um recurso precioso, bem limitado, que não aceita desperdício. Sua escrita eloquente e repleta de aforismos contundentes nos convida a repensar a finitude e a questionar valores e princípios que balizam nossa trajetória.

Neste mundo acelerado, é fácil cairmos na ilusão de que a vida é eterna, de que sempre teremos tempo suficiente para deleites, prazeres, realizações e vitórias. No entanto, Sêneca nos desperta dessa letargia e nos leva a confrontar a realidade da brevidade da vida. Ele nos lembra de que a morte é inevitável e imprevisível, e de que cada instante que deixamos escapar é irrecuperável.

A mensagem é clara: devemos aproveitar cada momento que nos é concedido, pois nunca sabemos quando o fio da vida será cortado. A vida é uma dádiva efêmera. Cabe-nos dar-lhe sentido e significado.

A chave para uma vida plena e virtuosa estaria, segundo o pensador estoico, em valorizar o presente, em vivê-lo com autenticidade e em buscar a sabedoria como guia para nossas ações.

Sua escrita é repleta de paradoxos e metáforas, características que ecoam a complexidade da existência humana. Seus argumentos nos envolvem e nos desafiam a questionar nossas convicções e a repensar nossas prioridades. Seus ensinamentos estão profundamente enraizados na experiência humana, e sua mensagem ressoa com força em uma sociedade que muitas vezes se perde na superficialidade e na busca por prazeres fugazes.

Que as reflexões de Sêneca nos inspirem a refletir sobre o valor do tempo e a busca de uma vida mais autêntica e significativa. Que sua leitura seja um ponto de partida para uma apreciação mais profunda desse dom da vida.

– Clóvis de Barros Filho

1

Muitos mortais, Paulino, protestam contra a mesquinhez da natureza, porque fomos engendrados para viver num tempo breve, porque esse espaço de tempo que nos foi concedido por ela decorre de maneira veloz, tão rapidamente que, com bem poucas exceções, a vida se encerra para muitos de nós quando ainda nos preparávamos para experimentá-la. Não é apenas o homem comum ou a massa geral a reclamarem sobre esse mal universal, conforme o entendem: o mesmo sentimento existe nas queixas de homens distintos. Daí o adágio do maior dos doutos: "A vida é breve, e a arte, longa". Daí também a contestação, pouco apropriada a um homem sábio, tal como expressara Aristóteles ao criticar a natureza por conceder a animais vidas que podem se prolongar por cinco ou dez humanas; enquanto o homem, criado para inúmeras e notáveis coisas, detém um limite menor. Não se trata de termos pouco tempo, nós é que o desperdiçamos. Nossa vida é suficientemente longa e nos foi oferecida em abundância para a realização de grandes feitos, se acaso soubermos investir. Contudo, se for desperdiçada em luxo desnecessário, dilapidada em atividades vãs, seremos forçados a perceber, afinal, que ela chegou ao fim antes de percebermos o que sucedera. Então é assim: não nos fora ofertada uma vida curta, nós é que a tornamos efêmera, não fomos mal supridos, nós é que desbaratamos tudo. Assim como uma herança imensa e principesca cai nas mãos de um mau herdeiro e logo é dissipada. Já aquela que, por mais modesta que seja, for tutelada por um bom guardião, gerida com cuidado, conservará sua longevidade com o tempo.

2

Por que reclamamos da natureza? Ela se porta de maneira bondosa: se souber se servir da vida, ela será longa. Mas um homem é governado pela ganância insaciável, outro pelo empenho dedicado em coisas inúteis; um se embebeda de vinho, outro se deleita com ócio; um está revestido de ambição política, sempre à espera do julgamento de outrem; outro, impelido pela ambição do lucro, a comerciar por terras e mares; alguns são perseguidos pela paixão da vida militar, com o intento de impor perigos sobre outros ou em si mesmos.

Há ainda aqueles que se desgastam na servidão e a ouvir seus superiores. Muitos se mantêm preocupados com a fortuna de outros ou a exigir a sua. Não estão atrás de nada concreto, lançando-se em renovados projetos, inconstantes, sempre insatisfeitos consigo mesmos. Alguns não possuem um rumo objetivo para a sua vida, e a morte os arrebata desprevenidos, enquanto bocejam lânguidos – isto é tão indiscutível quanto a frase oracular do maior dos poetas: "escassa é a porção da vida que vivemos". De fato, todo o restante não é vida, senão tempo. Os vícios cingem e atacam os homens por todos os lados, não permitindo que abram os olhos para discernir a verdade, retendo-os fixos em suas paixões. Nunca hão de recuperar seus verdadeiros "eus". Se porventura atingem alguma serenidade, como um mar profundo que após a tempestade ainda permanece encapelado, ainda assim suas paixões continuam a se agitar, sem encontrar o repouso. Você pensa que falo apenas daqueles cujas desgraças são reconhecidas? Observe os homens dos quais as pessoas se aproximam para ver a prosperidade: estão sufocados pela sua graça. Muitos veem suas riquezas como um fardo! Quantos não estouraram a veia pela eloquência e o empenho diário em mostrar seus talentos! Quantos permanecem esquálidos pelos prazeres contínuos! Quantos não estão livres da multidão que os assedia! Em resumo, acompanhe todos eles, do mais baixo ao mais alto: um solicita ajuda jurídica, outro chega para socorrer; um defende, outro julga; ninguém cuida de si mesmo, mas cada um é explorado pelo bem de outro. Basta inquirir sobre aqueles cujos nomes são bem conhecidos, para se perceber que eles têm alguns sinais característicos: x explora y, y explora z, e ninguém se preocupa consigo mesmo. Além disso, a indignação de alguns é insensata: reclamam do orgulho de seus superiores, porque não tiveram tempo para eles quando desejaram uma audiência. Mas alguém pode reclamar do orgulho alheio quando não tem tempo nem para si mesmo? Entretanto, seja você quem for, um grande homem pode olhar para você, mesmo que seja um olhar paternal, e inclinar-se para ouvir suas palavras, permitir que caminhe a seu lado, mas ele mesmo não se dignara a olhar para si ou ouvir a si próprio. Dessa maneira, não há razão para exigir confiança de alguém por tais precauções, sendo que não lhes demonstrara porque ansiava pela companhia de outro e não conseguira suportar a sua.

3

Mesmo que todos os intelectos brilhantes que já viveram anuíssem em refletir sobre esse único tema, nunca conseguiriam expressar de maneira aceitável o sobressalto diante desse ofuscamento da mente humana. Os homens não aceitam que invadam seus limites, havendo o mínimo conflito sobre seu terreno, logo correm para pegar pedras e armas; mas permitem que se apossem de suas vidas e até convidam os que tomarão conta da sua. Não encontrará ninguém disposto a repartir seu dinheiro, enquanto cada um de nós divide a vida com tanta gente! As pessoas são frugais ao cuidar dos seus bens pessoais; mas, quando se trata de desperdiçar tempo, tornam-se as mais pródigas com a única coisa com a qual seria correto ser parcimonioso. Dessa maneira, convidaria alguém de uma geração anterior e lhe diria: "Vejo que chegou ao derradeiro estágio da sua vida; está próximo do seu centésimo ano. Ou iria ainda mais longe: faça agora um balanço da sua vida. Verifique quanto do seu tempo foi preenchido por um usurário, pela amante, pelo patrão, por um cliente, em brigas com a companheira, a castigar seus escravos, a atravessar a cidade por causa de compromissos sociais. Considere as enfermidades que carregamos e o tempo que não foi vivido. Há de descobrir que possui menos tempo do que pensava. Recorde-se de quando teve um desígnio fixo; quantos dias decorreram conforme planejara, quando esteve à sua disposição e a sua face detinha uma expressão natural; quando sua mente não era importunada; que trabalho concretizou durante vida tão longa; quanto escamotearam da sua vida sem saber de tais perdas; quanto perdeu por causa da tristeza sem fundamento, da alegria néscia, do desejo ávido, das seduções sociais; tão pouco da sua criação restou para você. Então, perceberá que está morrendo de forma prematura". Qual a razão disso tudo? Você vive como se estivesse fadado a viver para sempre, sem consciência da própria fragilidade; não compreende como o seu tempo passou, mas desbarata-o como se possuísse uma provisão completa e abundante – embora o dia que consagra a alguém ou algo possa vir a ser o derradeiro. Em relação a tudo o que teme, você age como mortal, mas como imortal àquilo que deseja. Há de ouvir muitas pessoas repetindo: "Quando completar cinquenta anos, retirar-me-ei para gozar a vida; quando tiver sessenta, abandono os deveres públicos". Que garantia terá uma vida longa? Quem permitirá que prossiga e organize seu rumo? Não sente demérito nenhum ao reservar para si os restos da sua vida e dedicar à sabedoria somente o tempo que não pode ser empregado em algum negócio? Como é tarde para viver, de fato, justamente quando a vida está prestes a findar! Como é vão olvidar nossa mortalidade e esboçar planos arrazoados para os nossos cinquenta ou sessenta anos, aspirando começar a vida a partir de um ponto a que poucos chegaram!

4

Há de observar que os homens mais poderosos e alcandorados em pontos altos deixam escapar comentários segundo os quais elogiam o ócio e preferem isso a todos os seus bens. Às vezes, optam por descer dos seus pedestais em segurança; pois, mesmo que algo exterior possa abater, a prosperidade é capaz de desabar sobre si mesma.

O divino Augusto, a quem os deuses respaldaram como a ninguém, não se coibiu de solicitar serenidade e ansiar por uma pausa dos seus compromissos públicos. Qualquer conversa sua acabava por regressar a este tema – a esperança do descanso. Tentava distrair seu afã, terno, embora dissimulado, de que viveria um dia para si mesmo. Numa carta enviada ao Senado, após prometer que não faltaria dignidade no seu descanso, nem contradição com a sua glória passada, encontrei tais palavras: "É impressionante como se pode, com prazer, realizar mais do que prometer. Entretanto, como para a adorável realidade ainda há um longo caminho, minha nostalgia por aquele tempo levou-me a antecipar algum prazer pelo encanto das palavras". O ócio lhe era um assunto tão caro que, como não podia gozá-lo na realidade, ele o fez por antecipação em sua mente. Aquele de quem tudo dependia, que determinava o destino de homens e nações, ansiava, pleno de felicidade, pelo dia em que se despojaria de sua grandeza. Ele percebera quanto custaram os proveitos que resplandeciam pela terra, quantas preocupações ocultavam. Forçado a travar combate com seus compatriotas primeiro, depois com seus colegas, e em seguida com familiares, derramara sangue por terra e mar. Travara guerra na Macedônia, na Sicília, no Egito, na Síria e na Ásia, praticamente em todas as terras; conduzira seus exércitos contra os inimigos estrangeiros, cansados de derramamento de sangue romano. Enquanto estabelece a paz nos Alpes e reduz os inimigos que irromperam no meio da paz e do império; enquanto translada as fronteiras para além do Rin, do Eufrates e do Danúbio, em Roma, Murena, Cipião, Lépido e Ignacio amolavam suas espadas contra ele. Ainda nem escapara das tramas quando sua filha e outros jovens nobres, unidos pelo adultério, como que por juramento, aterrorizavam sua idade longeva, assim como Júlio e uma segunda mulher temível ligada a Antônio. Ele extirpara tais úlceras, membros, tudo, mas outros ocuparam o seu lugar: como um corpo sobrecarregado de sangue, sempre sujeito à hemorragia. Ele sonhava com o descanso, enquanto a esperança e os pensamentos se detinham nisso, encontrou alívio para seus trabalhos: esse foi o anelo do homem que poderia interceder por toda a humanidade.

5

Quando Marco Cícero fora escalado entre figuras como Catilina, Cláudio, Pompeu e Crasso – alguns deles inimigos confessos, outros, amigos dúbios –, e a tempestade abalou o Estado, ele tentou mantê-lo inabalável, enquanto a ruína perigava, até que por fim foi arrastado. Ele não tinha paz na prosperidade nem placidez na adversidade, e quantas vezes maldisse seu consulado, que elogiara sempre, embora não sem razão! Ele usara palavras lamentáveis numa carta a Ático, quando o velho Pompeu fora derrotado, e seu filho tentava manter suas forças exangues na Espanha! "Pergunta-me o que faço aqui? Estou semiprisioneiro na minha vila, em Túsculo." Ele acaba por lamentar-se da vida passada, a se queixar do presente e a se afligir com o futuro. Cícero se considerava semiprisioneiro, mas na verdade o homem sábio jamais irá tão longe a ponto de usar um termo tão abjeto. Nunca será semiprisioneiro, há de usufruir da liberdade concreta e total, livre para ser seu senhor, superior aos outros. O que está acima do homem estará acima do seu destino?

6

Lívio Druso, homem impetuoso e violento, após promover novas leis e o desastre dos Gracos, fora apoiado por muita gente de toda a Itália, ao não vislumbrar nitidamente a saída de uma situação que não era possível dominar nem estava livre para a abandonar assim que fosse iniciada; amaldiçoara a vida turbulenta que tinha, afirmando que apenas ele não desfrutava a tranquilidade desde criança. Ousara ainda, sob tutela e vestido a pretexto, a interceder entre réus e juízes, conquistou influência em alguns tribunais, de tal maneira que, como se sabe, granjeara vereditos favoráveis a seus clientes. Até que ponto uma ambição precoce poderia chegar? Deveria saber que tal ousadia prematura poderia redundar num problema terrível, tanto público quanto privado. Já era tarde quando resolvera protestar por não ter descanso desde a infância, tornara-se um genuíno criador de casos no fórum. Não se sabe ao certo se morrera pelas próprias mãos, pois falecera após ter sido ferido na virilha. Algumas pessoas duvidaram da sua morte voluntária, mas ninguém contestara que fora oportuna.

Não é demasiado lembrar que, aos outros, os mortais pareciam mais felizes, revelavam verdadeiros testemunhos contra si mesmos pela expressão de ódio de cada ação de suas vidas. Tais pessoas não transformaram ninguém, ou a si mesmos, por causa de tais objeções;

após a explosão de palavras, os sentimentos se normalizam.

Certamente, mesmo que suas vidas durem mil anos, podem se reduzir num intervalo ínfimo: os vícios devoram qualquer espaço de tempo. O tempo real que você possui – e que de forma natural sucede rapidamente, embora a razão possa prolongá-lo – também pode evadir-se de maneira inevitável: você não o segura nem o detém, não consegue retardá-lo, deixa-o ir-se como algo supérfluo e substituível.

7

Mas entre os piores transgressores incluo aqueles que vivem para a embriaguez, optam pela lascívia; estas são as mais negativas de todas as preocupações. Há ainda aqueles que sofrem de uma venerável ilusão, mesmo possuindo a aparente fama. Você poderia ceder-me uma lista de homens avaros ou de temperamento explosivo que se deixam levar pelo ódio e as guerras, todos postergam de maneira viril. Seguem numa direção que se precipita na ambição e na luxúria, aviltados pela desonra.

Procurem observar como essas pessoas consomem seu tempo – quanto tempo despendem a fazer cálculos, a urdir armadilhas para outras pessoas ou a temer a si próprios, a cortejar e ser cortejados, a oferecer banquetes e créditos: perceberá que suas ações, boas ou más, não lhes deixam tempo para respirar.

Por fim, é normalmente aceito que nenhuma ação pode se realizar com sucesso por um indivíduo repleto de preocupações – nem a eloquência ou uma profissão liberal –, já que o seu espírito distraído não absorve nada de maneira profunda, mas recusa, por assim dizer, e rejeita como se fosse forçado a fazer isso. Viver é a ação menos importante para o homem preocupado, não há nada mais difícil de saber. Há muitos instrutores de outras artes espalhados por aí. De fato, alguns deles são jovens e parecem ter aprendido a lição tão bem que poderiam inclusive ensinar. Contudo, saber viver leva uma vida inteira, e há algo bem surpreendente, é preciso uma vida toda para aprender a morrer. Grandes homens abandonaram tudo, renunciando à sua riqueza, aos negócios e aos prazeres com o único intuito de, até o fim da vida, aprenderem a viver. Entretanto, a maioria deles morreu afirmando que não compreendera nada – menos ainda sobre as outras pessoas. Você pode acreditar que a característica de um grande homem, situado acima dos erros humanos, é não aceitar que o seu tempo seja desperdiçado: possui a vida mais longeva possível, porque, seja qual for o tempo disponível, ele dedicou-o inteiramente a si mesmo. Nada disso fora negligenciado ou esteve sob controle de alguém; por ser o protetor extremamente parcimonioso, jamais encontrara outra coisa pela qual valesse a pena permutar o seu tempo. Ele tivera bastante; mas aqueles cujas vidas foram expostas ao público tiveram fatalmente menos tempo. Você também não deve pensar que essas pessoas às vezes não reconhecem sua perda. De fato, é preciso ouvir essas pessoas, para quem a prosperidade muitas vezes é incômoda, reclamando entre suas hordas ou a requestar nos tribunais sobre tais honoráveis misérias. "É impossível viver". Óbvio que é impossível. Todos os que clamam por você também podem se afastar de si mesmos. Quantos dias o réu subtraiu de você? Ou o opositor? Ou a anciã farta de enterrar seus herdeiros? Ou o homem que dissimula uma enfermidade para atiçar a cobiça dos caçadores de heranças? Ou aquele amigo influente que se cerca de pessoas como você não por amizade, mas para ostentar? Insto-o a reavaliar sua vida: há de ver quão pouco resta do que herdara – resquícios malogrados. Um homem que outrora atingira certa distinção, e deseja deixar isso de lado, vive repetindo: "Este ano não acaba mais?". Outro homem tem a seu cargo os jogos, mas vive a dizer: "Quando será que me livro deles?". Um advogado é escolhido entre os demais, enchem o tribunal para que seja ouvido, até onde sua voz alcançar, enquanto repete: "Quando chegam as férias?". Muitos se apressam a viver e se perturbam com a ânsia de futuro e o cansaço do presente. O homem que malbarata seu tempo com suas necessidades, que coordena cada dia como se fosse o derradeiro, não ambiciona nem teme o dia seguinte. Que novos prazeres podem ser oferecidos agora? Ele experimentara muito e apreciara tudo em abundância. De resto, a fortuna pode ser deleitada da maneira que se quiser: sua vida agora está assegurada. Nada pode ser retirado da vida, você pode acrescentar algo, como se quisesse alimentar um homem já farto e empanturrado, embora ele não queira nada mais, ainda assim pode reter. Não pense que um homem viveu bastante por apresentar cabelos brancos e rugas: ele não viveu muito tempo, mas teve uma existência abundante. Considere que o homem encetara longa viagem, enfrentando uma tempestade terrível ao deixar o porto, e foi levado à deriva pela fúria dos ventos. Ele de fato não viajara por muito tempo, mas enfrentou turbulências furiosas.

8

Assombro-me ao ver alguns a reivindicar o tempo de outras pessoas e se deparando com respostas diligentes. Ambos os lados têm uma perspectiva segundo a qual o tempo é solicitado sem considerar o tempo em si – como se nada fosse pleiteado nem oferecido. Tratam com o bem mais precioso da vida e são ludibriados porque é algo intangível, não está livre para inspeção, e algo de pouco valor. As pessoas ficam admiradas ao aceitar salários e gratificações, como recompensa por seu trabalho, sua ajuda ou seus serviços. Mas ninguém valoriza verdadeiramente o tempo: os homens o usam de maneira pródiga, como se não valesse nada. Quando o perigo da morte os ameaça, serão vistos a rezar para seus médicos, temendo a punição capital, ou gastando tudo para se manterem vivos. Seus sentimentos são inconstantes. Se pudéssemos calcular os anos futuros, como podemos enumerar os anos que nos restam, quão aterrados ficariam aqueles que veem tais anos finais à nossa frente, e com que cuidado tratariam deles! É fácil organizar uma porção certa de tempo, mesmo que seja inferior; e é necessário cuidar e preservar o que findará num ponto desconhecido. Você não imagina como tais pessoas não entendem como o tempo é precioso. Têm por hábito afirmar aos entes amados que estão prontos a lhes oferecer um pouco dos seus anos e ofertam isso sem estar conscientes, sem acrescentar nada aos outros. Mas o que realmente não sabem é que esbanjam tempo. Assim, suportam a perda daquilo que não têm consciência de que se perdera. Ninguém trará o tempo de volta, nem restituirá você mesmo; a vida prosseguirá o caminho que começou, sem voltar para trás ou deter-se; não causará aflição ao lembrá-lo como passa rápido, embora siga calmamente. Não haverá prorrogação a mando de reis nem a favor do povo. Seguirá desde o primeiro dia como fora ordenado, sem pausas ou mudando de rumo. O que virá depois? Enquanto está ocupado, a vida se evade. Com a chegada da morte, queira ou não queira, você não terá escolha.

9

Porventura haverá algo mais idiota do que pessoas que enaltecem suas previsões? Mantêm-se ociosamente apreensivas em aprimorar suas vidas, em organizar e despender delas. Conduzem seus desígnios com o olhar num futuro longínquo. Deixar as coisas de lado é um grande desperdício para a vida: ela nos arrebata cada dia que chega e nega o presente com a promessa de futuro. O grande obstáculo para viver é a expectativa, que depende do amanhã e acaba por perder o hoje. Extravia o presente dispondo do que está no controle da fortuna e abandona o seu. O que você está olhando? Qual o objetivo pelo qual se empenha? Todo futuro é incerto, viva imediatamente. É preciso ouvir o grito do nosso poeta maior, inspirado na palavra divina, que cantara estes versos revigorantes:

O melhor dia da primeira idade
É o primeiro que foge aos mortais

Ele queria dizer "Por que tardas? Por que não faz nada? Se não entender logo, outro entenderá". E mesmo que tente segurá-lo, ainda assim há de escapar. Deveria conciliar a velocidade do tempo com a rapidez em usufruí-lo, absorvê-lo rapidamente, como se fosse um fluxo fugaz que nem sempre flui. Ao censurar o atraso final, o poeta se refere com elegância não à "melhor idade", mas ao "melhor dia". Por mais ambicioso que seja, qual a razão de estar indolente e descansado (enquanto o tempo passa tão rápido), estendendo à sua frente uma longa sucessão de meses e anos? O poeta discorre sobre o dia – sobre este mesmo dia que está se esvaindo, mesmo que para os miseráveis mortais haja dúvida –, já preocupado – o melhor dia é sempre o primeiro a se esvair? A velhice chega aos homens enquanto ainda cultivam ânimos pueris, enfrentam-na de forma inábil e indefesos. Não tomaram precauções, sem perceber que a cada dia ela se aproximava mais. Como os viandantes que, distraídos numa conversa, numa leitura ou em algum pensamento interior, chegam ao seu destino sem compreender que estavam próximos; é assim nesta jornada incessante e extremamente célere da vida que, despertos ou adormecidos, encetamos no mesmo ritmo – os ocupados só a descobrem quando chegam ao fim.

10

Se houvera de provar o que propunha com exemplos e argumentos, ocorrer-me-ia demonstrar que os mais ocupados pensam que a vida é curta. Fabiano, que não era um filósofo de cátedra, mas dos antigos e verdadeiros, afirmara que atacar-se-iam as paixões com o ímpeto, não com a lógica; que a linha do inimigo deve ser enfrentada com um ataque firme, não com leves toques, pois os vícios precisam ser esmagados, não protegidos. Para que as pessoas sejam criticadas pelos seus erros individuais, precisam ser educadas, não consideradas perdidas.

A vida se divide em três tempos: presente, passado e futuro. Entre eles, o presente é vivíssimo; o futuro, duvidoso; e o passado, uma certeza. Sobre este último, a fortuna perdera seu poder, não se pode trazer de volta para alguém controlar. Eis o que as pessoas preocupadas perdem: não têm tempo de olhar o passado, e, mesmo que o fizessem, não é agradável recordar ações das quais se envergonham. Não estão predispostas a recordar os tempos mal-empregados, não se arriscam a reviver os vícios, até aqueles cuja aproximação astuciosa se disfarçava de prazeres efêmeros. Não há regresso voluntário ao passado, senão quando suas ações obtiveram sua própria censura, que jamais é ludibriada. O homem que teme sua memória é aquele cuja ambição desejou muitas coisas, que as depreciara com soberba e as conquistara com violência, atraiçoara com ardis, fora voraz na pilhagem e desbaratara tudo. Esta parte do nosso tempo é algo sagrado e dedicado, livre de todos os humanos acontecimentos, retirado do império da fortuna, não pode ser acometido por necessidade, medo ou ataques de enfermidades. Não será arrancado ou retirado de nós: é uma posse imutável e eterna. No tempo presente, temos um dia de cada vez oferecendo cada minuto. Mas os dias do passado virão se forem chamados, poderá detê-los ou analisá-los – e isso é algo que os ocupados não têm tempo para fazer. A mente serena e livre consegue percorrer todas as fases da vida; a mente dos preocupados não pode voltar o olhar para trás. Suas vidas desaparecem no abismo; tal como não adianta despejar algum líquido num recipiente sem fundo, se não há nada para retê-lo, não importa quanto tempo nos fora destinado, se não houver um lugar para permanecer, acabará por se esgueirar entre as frestas da mente. O tempo presente é extremamente exíguo, daí que muitas pessoas desconhecem isso. Está sempre em movimento célere; não cessa nem atrasa, tal como o firmamento ou as estrelas cujo movimento é permanente. Os preocupados se interessam apenas com o presente, que é breve, não se consegue apreender, e mesmo isso lhes é despojado enquanto se abstraem.

11

Em resumo, você gostaria de saber por que os ocupados não vivem muito? Observe como anseiam em viver longamente. Homens decrépitos oram para obter mais tempo; fingem ser mais jovens do que são; enganam a si mesmos com tal fervor, como se enganassem o destino em simultâneo. Mas, quando uma enfermidade os faz lembrar que são mortais, morrem assombrados como se não estivessem passando pela vida, mas sendo levados para fora dela. Afirmam que foram néscios em não ter vivido e que, se sobreviverem à doença, hão de gozar o ócio. Então, compreendem que dos bens que adquiriram nunca desfrutariam, portanto tudo aquilo fora em vão. Para aqueles cuja vida está distante dos negócios, a vida pode ser longa. Nada disso é desperdiçado, nada disso está disperso, nada se compromete com a fortuna, nada se perde com a negligência, nada se minimiza com dádivas, nada há de infrutuoso. Para dizer com outras palavras, foi bem investido. Por conseguinte, por mais breve e decisivo que seja, quando chegar o derradeiro dia, o sábio não deve hesitar em encarar a morte com passo resoluto.

12

Talvez queira saber quem designo como preocupado? Não deveria pensar que falo apenas daqueles contra os quais é necessário soltar os cães de guarda para desocupar os tribunais; ou os que são honrosamente pressionados por seus apoiadores ou soberbamente por outra pessoa; ou aqueles cujos deveres sociais os fazem nascer numa casa para serem jogados à porta de outras; nem aqueles cujo bastão do pretor enriquece a ambição infame. Alguns estão muito preocupados com o seu ócio: com a casa de campo, o leito; mas no meio da solidão, embora se distanciem dos demais, eles próprios se tornam sua pior companhia. Sobre eles devemos dizer que não possuem uma vida de prazer, mas uma ocupação ociosa. Você denomina um homem de ocioso, que cuida com zelo dos bronzes coríntios, estimados por muitos colecionadores, mas passa a maior parte do tempo entre metais enferrujados? Quem está num ringue de luta livre (que deslustre para nós! Padecemos de vícios que não são romanos), observando atentamente as lutas dos jovens? Quem classifica os bandos de escravos de acordo com a idade e a cor? Quem paga o sustento dos atletas? Repito, por que chama de ociosos os homens que passam horas no barbeiro para cortar o que cresceu na noite passada, para encetar um debate verdadeiro sobre como pentear o cabelo, arranjar as mechas ou acertar as pontas sobre a testa? Hão de ficar furiosos se o barbeiro não tiver cuidado – como se cortasse o homem de fato! Enfurecem-se caso suas crinas sejam aparadas de maneira incorreta, se ficarem desgrenhadas, ou se os cachos não se permanecerem bem compostos! Qual deles não preferiria que o país se arruinasse em vez de o seu cabelo? Mais preocupados com a elegância da cabeça do que com a sua salvaguarda? Mais preocupados em ser requintado do que decente? Você chama aquelas pessoas que dividem o tempo entre o pente e o espelho de ociosas? O que dirá daqueles que se interessam em compor, ouvir ou aprender música, distorcendo a voz que a natureza lhes legara, com um tom nítido e direto, com modulações artificiais; ou os que estão sempre a ritmar com os dedos, marcando o compasso de uma melodia imaginária, ou cantarolando quando sérios e até mesmo quando tristes? Para eles, isso não é lazer, mas um ofício indolente. E, ó céus, penso que seus banquetes são momentos de ócio quando observo a ânsia com que arrumam sua prataria, o cuidado com que alinham as túnicas de seus criados, como olham o preparo do javali, os escravos glabros a cumprir acelerados seus deveres, os pássaros esculpidos com talento em porções adequadas, ou como as escravas míseras limpam a baba dos embriagados. Dessa maneira, granjeiam a fama do requinte e do bom gosto, seguindo tais vícios na vida privada, a ponto de não poderem beber ou comer sem ostentação.

Tampouco consideraria ociosos os que são transportados em liteiras ou cadeiras, seguindo pontualmente a hora do passeio, como se não fosse lícito permitir isso. Há aqueles que precisam ser instruídos a tomar banho, nadar ou comer; chegam a se enervar com o torpor da autocomplacência deixando de confiar em si mesmos, a ponto de saber se estão com fome ou não. Ouvi dizer que uma dessas pessoas autocomplacentes – autocomplacência é a palavra exata para definir quem se esquece dos hábitos comuns da vida humana –, ao sair do banho e ser levada em sua liteira, inquiriu: "Ainda estou sentado?". Reflita sobre isso: essa pessoa não sabe se está sentada ou viva, se vê algo ou está em ócio? É complicado dizer se sinto pena dessa figura, por não ter consciência disso ou fingir não saber. De fato, alguns tentam esquecer muitas coisas e fingem esquecer outras tantas. Comprazem-se com certos vícios como prova da sua sorte: dir-se-ia que é o humilde homem desprezível consciente dos seus atos. Após isso, não é possível estigmatizar o pantomimo por forjar tantos detalhes para atacar o luxo! Creia-me, eles experimentam muito mais do que fingem; uma tal diversidade de vícios incríveis surgira nessa geração e revela talento nessa área, e agora podemos afirmar que os pantomimos os ignoram. E pensar que exista alguém tão perdido no luxo que necessite de outro para lhe dizer se está sentado ou não!

Esse homem não está à vontade, deveria descrevê-lo de outra maneira – está enfermo, ou estará mesmo morto: o homem que vive o ócio tem consciência disso. Mas aquele que, para entender suas ações, precisa de quem o previna, é apenas um semivivo. Como terá domínio do seu tempo?

13

Seria um tédio nomear individualmente aqueles que passaram a vida a desenhar, a jogar bola ou a tomar banho de sol. Parecem não estar à vontade, e seus prazeres abarcam um compromisso sério. Por exemplo, ninguém duvidará dos que ocupam seu tempo com estudos literários: até entre os romanos, há uma legião dessa espécie. Costumava ser um grego que errava ao querer saber quantos remadores tinha Ulisses, ou qual obra fora escrita primeiro, a *Ilíada* ou a *Odisseia*, e se eram do mesmo autor, entre outras questões desse tipo. Caso mantenha isso para si, de maneira alguma aumentará seu conhecimento pessoal, e se publicar, há de parecer mais alguém enfadonho do que um estudioso. Agora até os romanos foram atacados pelo júbilo do conhecimento inútil. Há pouco tempo, ouvi alguém comentar sobre um general romano que realizara isso ou aquilo: Duílio fora o primeiro a vencer uma batalha naval; Cúrio Dentato foi o primeiro a colocar elefantes num desfile triunfal. Embora a notícia sobre tais fatos não procure a glória verdadeira, pelo menos atenta para os serviços exemplares do Estado: tal conhecimento não realizará nenhum bem, mas nos servirá de deleite pelo apelo desses fatos inúteis. Também podemos desculpar os que perquirem sobre quem primeiro exortara os romanos a embarcar num navio. O responsável foi Claudio, por isso era chamado de Caudex, conforme a estrutura que une várias pranchas de madeira que, na Antiguidade, era conhecida como *caudex*. Por essa razão, também, as Tábuas da Lei são designadas "códices", e até hoje os barcos que transportam provisões no Tibre são denominados pelo nome antigo de *codicariae*. Sem dúvida, é lícito saber que Valério Corvinus foi o primeiro conquistador de Messana e o primeiro da família Valerii a assumir o sobrenome Messana, nome da cidade conquistada – cuja ortografia foi gradualmente se alterando na fala cotidiana para Messalla. Com sua permissão, é válido também acentuar o fato de que Lúcio Sulla foi o primeiro a apresentar leões soltos no circo, noutras circunstâncias eram exibidos em jaulas, e que lanceiros foram enviados para matar o rei Bocchus. Merece indulgência – mas servirá para alguma coisa? – saber que Pompeu expôs, pela primeira vez num circo, um combate que envolvia dezoito elefantes contra homens inocentes, numa batalha encenada. Um líder que, como dizem, é um homem de bondade admirável entre os líderes do antigo Estado concebera um espetáculo inesquecível: assassinar seres humanos de uma maneira nova. "Hão de lutar até a morte? Não é o bastante. Devem ser estraçalhados? Não é o suficiente. Deixem que sejam esmagados por animais enormes." Seria melhor que coisas semelhantes fossem olvidadas, para não haver no futuro alguém poderoso que tomasse conhecimento disso e quisesse superar tal desumanidade. Oh, como a prosperidade pode atacar a grande cegueira do entendimento humano! Ele pensava estar acima das leis da natureza, na época em que lançava homens miseráveis contra animais selvagens vindos de outros climas, atiçando umas criaturas contra as outras, promovendo o derramamento de sangue diante do povo romano, e em seguida seria forçado a derramar o próprio sangue. Depois, ele mesmo fora acometido pela traição alexandrina e se deixara esfaquear por um simples escravo, então percebeu que o seu sobrenome – o Grande – era uma ostentação vazia.

Mas regressando de onde partira, e para ilustrar como algumas pessoas despendem esforços vãos nesses tópicos, o homem sobre o qual referira relatara que Metelo, em sua glória, após conquistar os cartagineses, na Sicília, sozinho entre os romanos, levara cento e vinte elefantes à frente do seu carro; e Sula foi o último romano a estender o *pomerium**, prática antiga após conquistar território italiano, nunca o provincial. Saber isso é de maior proveito do que se o Monte Aventino está fora do *pomerium* por alguma razão, porque a plebe se retirara ou porque Remo consultou os auspícios e soube que não eram favoráveis às aves – ou são teorias falsas ou verdadeiras mentiras? Ainda que se admita que dizem isso com boa-fé, mesmo que afirmem serem verossímeis suas decla-

* Designação romana para a fronteira simbólica de Roma.

rações, como reduzir o erro? Quais desejos aplaca? Quem ficará mais forte, justo e livre? Era habitual Fabiano dizer que se interrogava, às vezes, sobre valer a pena envolver-se num estudo ou não participar de nenhum.

14

Apenas as pessoas com tempo livre para a filosofia são as que realmente vivem, porque não apenas aproveitam seu tempo como acrescentam mais à sua vida. Todos os anos que se passaram são acrescentados aos seus. Se não somos ingratos, temos de confessar que os ilustres criadores das sagradas ciências surgiram para o nosso bem e encaminharam a nossa vida. Com o trabalho de outros, somos dispostos perante as coisas que vieram das trevas para a luz. Não fomos excluídos de nenhuma época, temos ingresso a todas elas; se estivermos prontos com a elevação do espírito para seguir além dos limites exíguos da fraqueza humana, haverá um vasto período de tempo a percorrer. Discutir com Sócrates, mostrar as dúvidas a Carnéades, cultivar o descanso com Epicuro, suplantar a natureza humana com os estoicos e sobrepujar os limites com os cínicos. Como a natureza nos permite encetar parcerias com todas as épocas, por que não, neste breve e fugaz período de tempo, nos entregarmos com o coração ao passado, que é limitado e permite ser compartilhado com homens mais sensatos do que nós?

Os que se multiplicam entre os compromissos sociais, estorvando a si mesmos e outros mais, quando encerram corretamente sua correria louca, e cruzam o limiar diariamente, e penetram por todas as portas abertas; quando tiverem chegado às casas que visitam com interesse, quão poucos terão vislumbrado uma cidade tão grande e tantos desejos ensimesmados? Quantos hão de ser excluídos por dormitar ou pela autocomplacência? Quantos, após serem atormentados pela espera, fogem, fingindo estarem com pressa? Quantos evitarão sair por corredores lotados de subalternos, evadindo-se por portas secretas – como se não fosse indelicado iludir os interlocutores em vez de excluí-los? Quantos, com ressaca após a embriaguez da noite anterior, bocejarão de maneira arrogante, abrindo apenas os lábios, e cumprimentarão pelo nome os miseráveis que interromperam o próprio sono? Talvez suponha que aqueles envolvidos em atribuições importantes tenham como amigos íntimos Zenão, Pitágoras, Demócrito, Aristóteles e Teofrasto e outros sacerdotes dos estudos liberais. Nenhum deles estará ocupado, nenhum mandará embora o visitante, mais feliz e devotado a si mesmo, nem permitirá que partam de mãos vazias. A casa estará sempre aberta a todos os mortais.

15

Nenhum deles poderá forçá-lo a morrer, mas todos saberão ensiná-lo como morrer. Nenhum deles dissipará teus anos, antes contribuirão com os seus. Nenhum diálogo de qualquer um deles será perigoso, ou a amizade, fatal nem custosa a sua presença. A partir deles, terá o que quiser: não os culpe se porventura eles tornarem-se um enfado. Que felicidade, que velhice honrada aguarda o homem que se tornou um usuário desse tipo! Terá amigos a quem pedir conselhos sobre assuntos importantes ou triviais, a quem inquirir todos os dias sobre si mesmo, alguém que há de lhe dizer a verdade sem dissimular, sem insultar ou elogiar, oferecerá um padrão à sua medida.

Costuma-se dizer que não está ao nosso alcance escolher os pais, o acaso é que decide. Contudo, podemos decidir sobre que tipo de filhos gostaríamos de ser. Existem famílias de nobilíssimos engenhos, se definir por qual gostaria de ser adotado, herdará não só o nome, mas a propriedade também. Tal propriedade não será guardada com relutância ou mesquinhez: quanto mais for repartida, tornar-se-á maior. Isto inaugurará o caminho para a imortalidade, dispondo-o num ponto de onde não cairá. Esta é a única via para prolongar a mortalidade – até transformá-la em imortalidade. Honras e monumentos, seja o que for, decretos estabelecidos por ambição ou prédios públicos erguidos, tudo é logo destruído, algo que o fluxo do tempo não consiga demolir ou deslocar. Contudo, não consegue deteriorar as obras consagradas pela filosofia: nenhuma época poderá eliminá-las ou reduzi-las. A reverência sobre elas só aumentará, já que a cobiça age sobre o que está mais próximo, enquanto podemos admirar muitas coisas a distância. A vida do sábio é ampla, não se deixa iludir por outros limites. Está livre das leis que cingem a raça humana, todas as eras lhe assentam como se fosse um deus. Ele opera o tempo presente; antecipa o tempo por vir. Tal fusão de tempos num só alarga a sua vida.

16

A vida é curta para os que olvidam o passado, recusam o presente e temem o futuro. Quando chegam ao fim, percebem tarde demais que desperdiçaram o tempo sem fazer nada. O fato de, às vezes, invocarem a morte não evidencia que suas vidas foram longas. Atormenta-os a imprudência das emoções inconstantes, lançadas sobre as coisas que temem, tal como a morte que também receiam. Isso não é a prova de que vivem muito tempo, ou que o dia muitas vezes é longo para eles, ou reclamam que as horas decorrem de maneira lenta, até chegar a hora do jantar. Quando suas preocupações fracassarem, hão de ficar aflitos sem ter o que fazer, sem saber como dispor do seu tempo de ócio, vendo o tempo passar. Ficam preocupados com algo a fazer, o tempo intermediário torna-se extenuante: tal como o espetáculo dos gladiadores é anunciado, e eles se mostram ansiosos com a hora marcada para o início – parecem querer saltar sobre os dias de permeio. Segundo dizem, adiar o evento torna-se um tédio. O tempo do prazer verdadeiro passa veloz e brevemente, e a culpa é sua. Oscilam de um prazer a outro, sem permanecerem fixos. Seus dias não são longos, mas execráveis. Contudo, como as noites parecem curtas quando bebem ou as passam com meretrizes! Eis o delírio dos poetas que estimulam a fragilidade humana com histórias sobre Júpiter que, seduzido pelos gozos do amor, duplicara a extensão da noite. O que seria tornar os deuses responsáveis pelos vícios, e como precedente para nossos erros ofertam – e desculpam – a devassidão dos deuses? Para essas pessoas, cujas noites seriam tão caras, não pareceriam curtas? Perdem o dia aguardando a noite, e a noite com temor do dia.

17

Os seus deleites são temerosos; seus receios, desassossegados; no auge da sua felicidade, um pensamento perturbador se apodera dela: quanto tempo isso irá durar? Tal pensamento levou reis a lamentarem seu poder, não se encantarem com a grandeza da sua fortuna ou se aterrarem com a ideia do seu fim inevitável. Quando o rei insolente da Pérsia levava seu exército pela terra, sem compreender seu número e sua medida, chorou ao pensar que, em cem anos, nenhum daqueles homens estaria vivo;

o mesmo homem que chorava os outros seria responsável por apressar suas mortes em batalhas no mar e em terra, dentro de pouco tempo exterminaria todos aqueles pelos quais temia o centésimo ano. Até mesmo as alegrias tornam-se alarmantes? O fato é que não têm fundamentos sólidos, surgem de maneira atribulada e improcedente. Que tempos são estes, que acreditam serem miseráveis, já que são exaltados segundo a alegria corrupta da humanidade? Os maiores bens produzem ansiedade, não se há de dar crédito à fortuna quando se mostra menos favorável do que justa. Para manter a prosperidade, é necessário outra, e fazer votos favoráveis para conseguir outros. O que vem em nossa direção é volúvel, e quanto mais alto se elevar, mais estará predisposto a cair. Ademais, o que está condenado a ruir não cativa ninguém. Assim, é forçoso que não apenas seja breve, mas miserável, a vida daqueles que adquiriram com muito trabalho o que devem manter com extremo labor. Conquistam o que desejam com muita labuta; aquilo que possuem foi conquistado com persistência; mas não atentam para o fato de que o tempo jamais regressará. Novas preocupações substituem as antigas; a esperança desperta outra, a ambição gera outra ambição. Não buscam o fim da miséria, mas mudam o seu sentido. As honras públicas nos atormentam, mas outras nos consomem. Desistimos dos problemas de um promotor para assumir os de um juiz. O homem deixa de ser juiz para ser o presidente de um tribunal. Envelhece administrando negócios de outros por um salário, mas depois passa o tempo a cuidar dos seus. Mário fora desobrigado da vida militar para trabalhar num consulado. Quintus se apressa a fugir da ditadura, mas é chamado de volta ao arado. Cipião enfrentará os cartagineses e, mesmo que não esteja preparado para tal empresa, regressará vitorioso sobre Aníbal e Antíoco, será a honra do seu consulado e fiador do irmão e, se não impedisse isso, seria considerado como Júpiter, e este será perseguido por sedições civis. Quando jovem, desprezara as honras dos deuses, e a discórdia do Estado atormentara seu libertador. Por fim, já velho, deleitar-se-á com o exílio ostensivamente obstinado. Haverá sempre razões para a ansiedade, seja por causa da prosperidade ou da miséria. A vida segue uma sucessão de aflições, desejaremos sempre o ócio, mas não saberemos usufruí-lo de fato.

18

Dessa maneira, caro Paulino, retire-se para longe da multidão, como se fora abalado por uma tempestade além do que sua idade suportaria, precisa se recolher a um porto mais calmo. Lembre-se dos mares que navegou, das tormentas que padeceu, algumas na vida privada, e outras que tornou públicas. Já mostrou sua virtude em trabalhosas e atribuladas ocasiões. Experimente agora um pouco de ócio. Dedicou grande parte de tua vida ao Estado, use agora um pouco desse tempo para você mesmo. Não estou dizendo para se entregar ao ócio sem propósito, ou sufocar sua energia natural no sono ou no deleite caro ao vulgo. Não é para descansar. Quando se retirar e desfrutar a paz de espírito, manter-se-á ocupado com atividades mais determinantes além das que executaste até hoje. De fato, gere as contas do império com escrúpulo, com tanto zelo quanto consigo mesmo, e tão conscientemente quanto as do Estado. Arrebate o afeto num trabalho difícil de evitar o descontentamento. Mas, creia-me, é mais seguro saber das contas da sua própria vida do que as do comércio de milho. Recorde-se do vigor de sua mente, sobejamente suscetível de ocupar-se com grandes responsabilidades, de ocupações honradas, mas minimamente adequadas para ter uma vida feliz; deveria se persuadir de que, após tantos estudos desde a juventude, não foram feitos para este fim, que milhares de medidas de milho poderiam ser confiados a você. Coisas mais altas e maiores estavam prometidas a si mesmo. Não hão de faltar homens dignos e que trabalhem com afinco. Animais de carga são os mais adequados para o transporte do que os cavalos puro-sangue: quem submetera sua nobre rapidez com um fardo pesado? Considere ainda a ansiedade que possui de sujeitar sua responsabilidade, é como o estômago humano insaciável, que não se mitiga com isenção. Um povo famélico não atende à razão nem se abranda com tratamentos corretos. Recentemente, dias depois da morte de Caio César Calígula – ainda aborrecido (se é que os mortos têm sentimentos) ao constatar que o povo romano sobrevivia com um suprimento de comida para sete ou oito dias, enquanto construía pontes com barcos e brincava com os recursos do império –, apresentou-se o derradeiro dos males até para os sitiados: a escassez de alimentos. Ao tentar imitar um rei estrangeiro louco, condenado pelo orgulho, quase lhe custara a destruição e a fome da cidade, e tudo o que se segue, a ruína total. O que teriam então aqueles a quem fora encomendada a provisão de milho e ameaçados com pedras, armas e fogo? Encerravam em seus peitos males dissimulados para os órgãos vitais do Estado, e certamente tinham razão. Determinadas enfermidades devem ser tratadas quando o paciente as desconhece; às vezes, conhecer a doença pode provocar muitas mortes.

19

É preciso encerrar-se em atividades mais tranquilas e importantes. É como controlar a transposição de milho aos celeiros, para que não haja negligência nem fraude dos carregadores, cuidando com que não apanhe umidade e se estrague com o calor, mantendo sua medida e o peso; ou legar coisas sagradas e sublimes, procurando alcançar com elas a natureza dos deuses, suas vontades, modos de vida, o destino que a alma aguarda, onde a natureza nos situa para descansar quando libertos dos nossos corpos. Qual é a força que suporta todos os elementos do mundo, ergue o fogo ao ponto mais alto, movimenta as estrelas e outras coisas plenas de maravilha? Deveria abandonar o chão, voltar-se para outros entendimentos. Agora que o sangue ferve, precisaria criar o seu caminho com força, procurando coisas mais favoráveis. Neste gênero de vida, aguardam saberes proveitosos para sua vida: o amor e o exercício da virtude; o alheamento das paixões; o conhecimento sobre viver e morrer e uma vida de tranquilidade desmedida. O estado dos preocupados é miserável. Contudo, mais miserável são os que não trabalham nem com as suas preocupações; regulam seu sono pelo dos outros; o andar segundo o de outrem; assim como obedecer, amar e odiar, ações livres, fazem-no segundo ordens de alguém. Se tais pessoas quiserem averiguar quão breve é sua vida, considerem quão pequeno é o que lhe cabe.

20

Quando vir o homem agasalhado em seu manto, ou aquele muito comentado no fórum, não o inveje: tais coisas são conquistadas com muito custo. Para um ano de seu consulado, equivalerá destruir os próprios anos. A vida permitiu que alguns homens lutassem no início de seus percursos, antes de encetarem o caminho rumo ao auge da sua ambição. Outros homens, após rastejarem por mil infâmias perante a dignidade suprema, assombram-se com o juízo sombrio de que todos os trabalhos foram realizados apenas por causa de um epitáfio. Outros a velhice desamparara, enquanto a juventude se dispusera entre os esforços que a sobrecarregam. Torpe é o homem já marcado pelos anos e que se aproxima da morte a pleitear no tribunal por litigantes desconhecidos, procurando cativar o aplauso de um público ignorante. Torpe é ver um homem a se arruinar entre suas obrigações, consumido mais pelo estilo de vida do que pelo seu trabalho. É ignóbil ver um homem a morrer entre sua riqueza, enquanto o herdeiro sorri de alegria, após tanta espera. Não posso me furtar de contar uma história. Sextus Turânio foi um ancião, célebre pelo escrúpulo e diligência, e que fora jubilado de suas funções por Caio César por ter mais de noventa anos. Turânio ordenou então que fosse colocado na cama e que seus familiares o chorassem como se estivesse morto. A sua casa lamentou o descanso do velho senhor e não suspendeu o luto até que seu emprego lhe foi restabelecido. De fato, é agradável morrer sem fruir a vida? Eis o desejo de muita gente: o prazer de trabalhar é superior à capacidade de realizá-lo. Travam uma luta contra a própria fragilidade do corpo, consideram a velhice um estorvo, além de serem dispostos na prateleira sem algum motivo. A lei não transforma o homem num soldado após os cinquenta anos, ou num senador depois dos sessenta: os homens alcançam o descanso com mais esforço do que pelas leis. Enquanto roubam e são roubados, ou impedem a tranquilidade de alguém, tornam-se miseráveis, suas vidas decorrem sem gozo, sem enriquecimento mental. Ninguém quer encarar a morte ou se abster da esperança num futuro. De fato, algumas pessoas organizam as coisas além da vida – túmulos suntuosos, epitáfios em obras públicas, espetáculos ostensivos para as exéquias. Na verdade, os funerais de tais pessoas deveriam acontecer sob a luz de tochas e velas de cera, como se tivessem vivido uma vida curta.